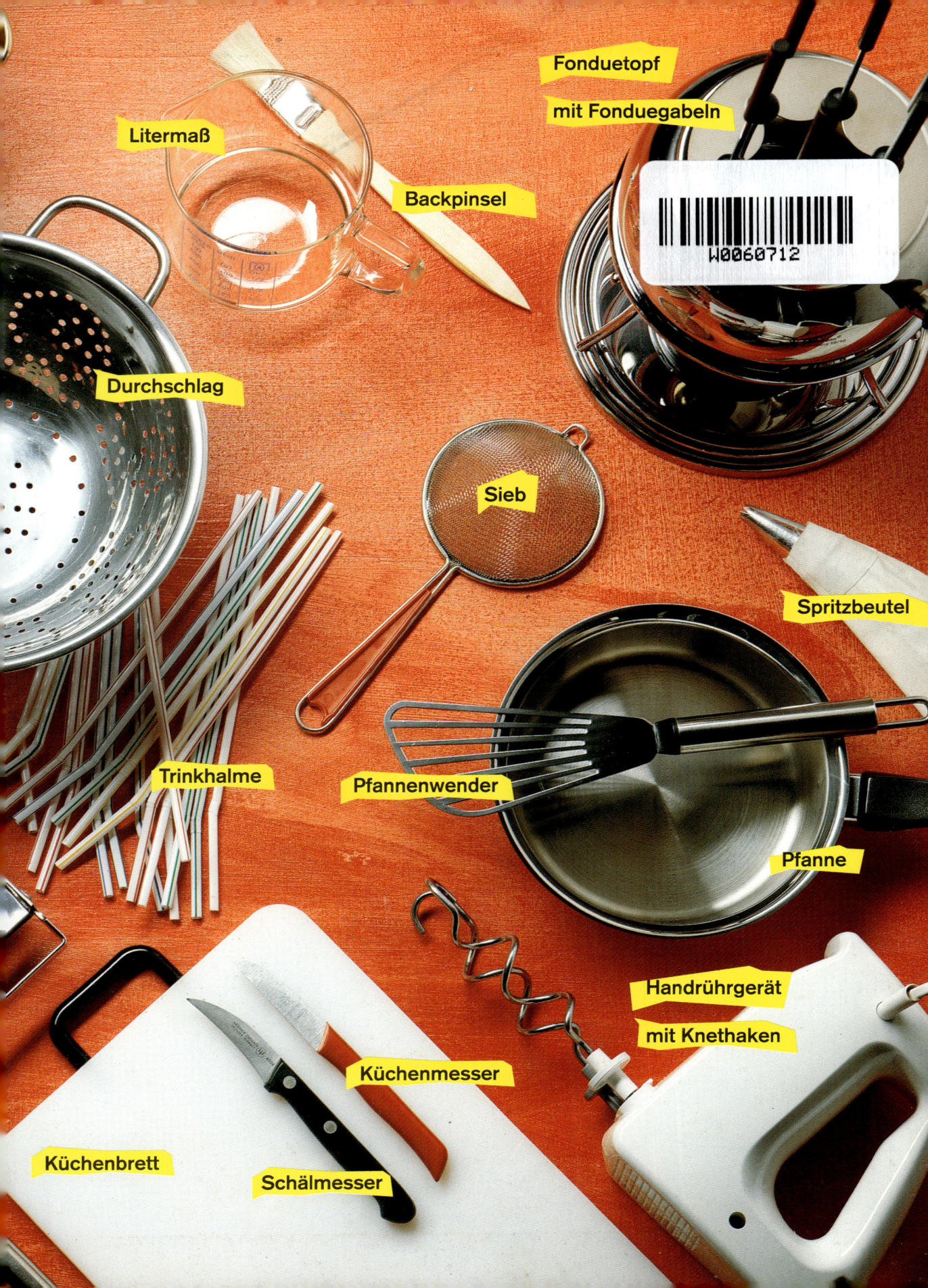

Litermaß

Backpinsel

Fonduetopf
mit Fonduegabeln

W0060712

Durchschlag

Sieb

Spritzbeutel

Trinkhalme

Pfannenwender

Pfanne

Handrührgerät
mit Knethaken

Küchenmesser

Küchenbrett

Schälmesser

DR. OETKER
Kinder
Kochbuch

DR. OETKER
Kinder
Kochbuch

ICI CERES

Hallo Kinder!

Jeder kann kochen, ehrlich!
Auch Ihr! Es muß ja nicht gleich
eine „Ente mit Orangensauce"
sein. Die einfachen Dinge
schmecken oft viel besser.
Ihr müßt also weder tranchieren
noch flambieren und auch nicht in
Sekundenschnelle eine Zwiebel
klein schneiden. Ihr müßt nur ein
paar einfache Dinge wissen.

Und Ihr müßt wissen, daß Kochen
mindestens genausoviel Spaß
macht wie Computerspiele und
Legohäuser bauen. Aber das
merkt Ihr bestimmt bald selbst.
Damit der Spaß möglichst groß
und die Mühe möglichst klein ist,
findet Ihr hier leichte, schnelle und
natürlich köstliche Rezepte.

Ladet Euch doch zum Kochen
ein paar Freunde ein, dann wird's
besonders lustig. Und das Aller-
beste: Man kann nachher noch
was Leckeres essen. Jetzt haben
wir lange genug um den heißen
Brei herumgeredet:

Ran an die Kochlöffel.
Viel Vergnügen!

Der Lecker-Wecker

Für 2 Personen brauchst Du:

2 TL Honig
2 EL heißes Wasser
3 gehäufte EL Vollkorn-
haferflocken
2 EL grobgehackte
Haselnußkerne
1 kleine Banane
1 kleine Orange
1 großen Apfel
250 ml (¼ l) Milch
2 TL Zitronensaft

Stelle bereit:

1 Schüssel
1 Kochlöffel
1 Schälmesser
1 Küchenbrett
1 Gemüsereibe

So wird's gemacht:

Gib den Honig mit dem Wasser
in die Schüssel und verrühre
beides miteinander. Schütte die
Haferflocken und Nüsse dazu.
Schäle das Obst. Schneide die
Banane in Scheiben und die
Orange in kleine Stücke.
Mische das Obst unter die
anderen Zutaten.
Wasche und viertele den Apfel.
Entferne das Kerngehäuse und

Bist Du vielleicht auch
so ein Morgenmuffel,
der nur schwer aus den
Federn kommt?
Morgenmuffel sind ja
eigentlich ganz nett,
sie müssen nur
irgendwann wach
und fit werden.
Nach diesem Müsli,
das Dich in aller
Frühe schon anlacht,
bist Du's bestimmt!

reibe die Apfelviertel in das
Müsli. Gieße die Milch und den
Zitronensaft darüber. Verrühre
zum Schluß alle Zutaten vorsichtig miteinander.

Anstatt der Vollkornhaferflocken kannst Du für dieses
Müsli auch Hirse-, Vollkorn-
weizen- und andere Flocken
aus Getreide verwenden.
Versuch's auch mal mit
anderen Obstsorten.

Mach Dir doch mal ein tolles Trockenmüsli für die Schule.

Dazu brauchst Du:

6 EL Vollkornhaferflocken
6 EL Rosinen oder Sultaninen
2 EL grobgehackte Haselnußkerne oder Mandeln
2 EL Sonnenblumenkerne
2 TL Zucker
evtl. 2 TL Kakao

Vermische die Zutaten und bewahre sie in einer verschließ-baren Dose an einem trocke-nen Platz auf.
Jeden Morgen füllst Du Dir eine Portion in eine Plastikschüssel mit Deckel. In der Schule gibst Du Milch oder Joghurt dazu. Vielleicht schmeckt's Dir auch am besten trocken. Auf jeden Fall einen Teelöffel mit in die Schultasche packen.

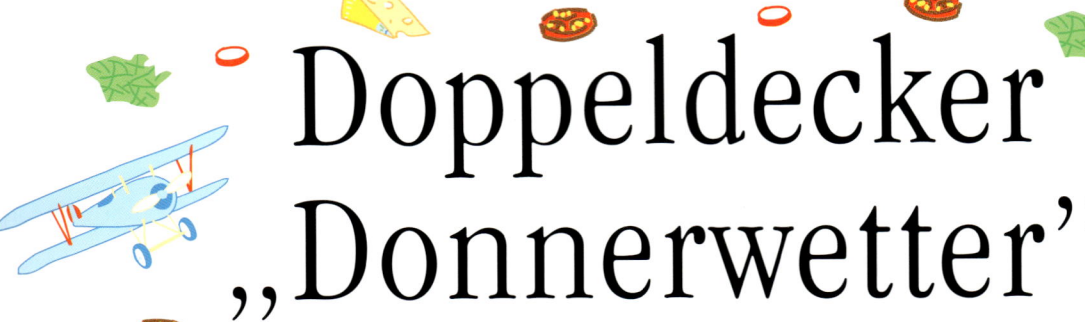

Doppeldecker „Donnerwetter"

Für 1 Person brauchst Du:

3 Scheiben Roggenbrot
2 gestrichene TL Butter
   oder Margarine
4 Radieschen
1 kleine Tomate
2 Salatblätter,
   z.B. Kopfsalat
2 Scheiben Schnittkäse,
   z.B. Gouda

Stelle bereit:

1 Küchenbrett
Küchenpapier

So wird's gemacht:

Bestreiche die Brotscheiben von einer Seite mit Butter oder Margarine. Wasche die Radieschen und die Tomate. Entferne die Stengelansätze und schneide sie in Scheiben. Wasche die Salatblätter und tupfe sie trocken. Belege das erste Brot mit einem Salatblatt, dann mit einer Scheibe Käse und den Radieschenscheiben. Lege das zweite Brot darauf. Belege es mit dem zweiten Salatblatt, dem Käse und den Tomatenscheiben. Dann bedecke alles mit der dritten Brotscheibe.

Weißt Du, daß Doppeldecker fliegen können? Auch dieser hier möchte mit einem Sturzflug in Deinem Bauch landen.

Wenn Du nicht so gerne Käse ißt, kannst Du den Doppeldecker auch mit Wurst belegen.

Leberwurst-Radieschen-Flirt

Für 5 Brote brauchst Du:

100 g feine Kalbsleberwurst
1 EL Kräuter Crème fraîche
1 Prise Zucker
1 Prise Jodsalz
1 Messerspitze gemahlenen
weißen Pfeffer

Wenn Du keine beleidigte Leberwurst auf Deinem Brot erleben willst, gib ihr doch knallrote Radieschen zur Gesellschaft: Zusammen schmeckt das nämlich prima.

3-4 Tropfen Zitronensaft
3-4 Radieschen
1 große süß-sauer eingelegte
Gurke
1 gehäuften EL fein-
geschnittenen Schnittlauch

Stelle bereit:

1 Schüssel
1 Küchenbrett
1 Küchenmesser

So wird's gemacht:

Gib die Leberwurst, die Crème fraîche, den Zucker, Salz und Pfeffer und den Zitronensaft in die Schüssel. Rühre die Zutaten mit einer Gabel glatt.
Wasche die Radieschen und schneide sie zusammen mit der Gurke in sehr kleine Würfel. Mische die Radieschen- und Gurkenwürfel zusammen mit dem Schnittlauch unter die Leberwurstcreme.

Prise? Das ist soviel, wie Du einmal zwischen Daumen und Zeigefinger greifen kannst.

Tomatensuppe „Graf Dracula"

Für 4 Personen brauchst Du:

1 kg vollreife Tomaten
2 mittelgroße Zwiebeln
1 Knoblauchzehe
30 g Butter oder Margarine
3-4 EL Weizenmehl (Type 405)
4 EL Tomatenmark
1 l heißes Wasser oder
   Gemüsebrühe
1 TL Zucker
1 $\frac{1}{2}$ TL Jodsalz
1 Messerspitze gemahlenen
   weißen Pfeffer
4 TL Crème fraîche
frische Basilikumblättchen

Stelle bereit:

1 Küchenbrett
1 Küchenmesser
1 Schälmesser
1 Schüssel
1 Kochtopf
1 Schneebesen
1 Kochlöffel

So wird's gemacht:

Überbrühe die Tomaten kurz mit kochendem Wasser und schrecke sie mit kaltem Wasser ab. Enthäute sie, steche den Stengelansatz heraus und

Tomatensuppe ist die Lieblingssuppe von Graf Dracula, weil sie so schön rot ist. Aber auch Nicht-Vampire wie Ihr werdet sie klasse finden.

schneide die Tomaten in kleine Stücke. Schäle die Zwiebeln und die Knoblauchzehe und schneide sie in kleine Würfel. Zerlasse die Butter oder Margarine in dem Topf und dünste die Zwiebel- und Knoblauchwürfel darin an. Streue das Mehl darüber und rühre das Tomatenmark unter. Jetzt gieße die Flüssigkeit unter Rühren hinzu. Nimm den Topf von der Kochstelle und rühre so lange, bis die Suppe glatt und ohne Klümpchen ist. Dann bringe die Suppe nochmal zum Kochen und schütte die Tomatenstücke hinein. Lasse die Suppe zugedeckt etwa 10 Minuten köcheln. Gib den Zucker hinzu und schmecke die Suppe mit Salz und Pfeffer ab. Verteile die Suppe auf Suppenteller und verziere sie mit Crème fraîche und Basilikumblättern.

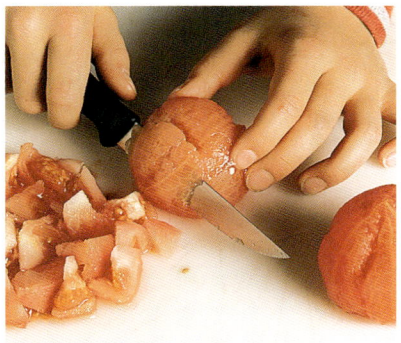

TIP

Die Suppe schmeckt noch genialer mit gerösteten Weißbrotwürfeln. Dazu schneidest Du 2 Scheiben Weißbrot in kleine Würfel und röstest diese in einer Pfanne in etwas Butter an.

Suppenkasper-Alphabet

Für 4 Personen brauchst Du:

1 ½ l Wasser
1 Messerspitze Jodsalz
80 g Buchstabennudeln
2 mittelgroße Möhren
2 kleine Zucchini
1 l Wasser
2 ½ gestrichene EL Fleisch-
   oder Gemüsebrühe
   (aus dem Glas)
4 junge, zarte Sellerieblätter
2 EL feingehackte Petersilie

Stelle bereit:

1 großen Kochtopf
1 Sieb
1 Küchenmesser
1 Sparschäler
1 kleinen Kochtopf
1 Küchenmesser
1 Kugelausstecher
1 Gemüsereibe
1 Schüssel
1 Küchenbrett
1 kleinen Kochtopf
1 Kochlöffel

Findest Du Deinen Namen in dieser Suppe? Aber hallo! Klar doch, denn das ganze Alphabet ist dort untergetaucht!

So wird's gemacht:

Bringe das Wasser mit dem Salz in dem Topf zum Kochen und schütte die Nudeln hinein. Decke den Topf zu und lasse die Nudeln etwa 10 Minuten bei mittlerer Hitze garen. Schütte sie dann in das Sieb und lasse sie gut abtropfen. Wasche das Gemüse und schneide die Enden von Möhren und Zucchini ab. Schäle die Möhren.

Bringe in dem kleinen Kochtopf etwas Wasser zum Kochen und lasse die Möhren etwa 2 Minuten darin kochen. Nimm die Möhren heraus und steche mit dem Kugelausstecher kleine Kugeln aus. Wenn Ihr keinen Kugelausstecher zu Hause habt, reibe die ungekochten Möhren auf der groben Seite der Gemüsereibe in die Schüssel. Schneide die Zucchini zuerst in etwa ½ cm dicke Scheiben und dann in Streifen. Bringe das Wasser zum Kochen, rühre die Fleisch- oder Gemüsebrühe hinein und gib das Gemüse und die Sellerieblätter dazu. Lasse nun das Gemüse zugedeckt etwa 10 Minuten bei mittlerer Hitze garen. Zum Schluß gib die Buchstaben in die Suppe und streue die Petersilie darüber.

Du kannst diese Suppe auch mit anderem Gemüse, z.B. Kohlrabi oder Rote Bete, zubereiten.

Heißes Schneegestöber

Für 2 Personen brauchst Du:

Für die Schokoladensuppe:
500 ml (½ l) Milch
1 gehäuften EL Schokoladen-
   Puddingpulver
1 Prise Jodsalz
2 gehäufte TL Kakao
1 gestrichenen EL Zucker
50 g Blockschokolade

Für das Schneegestöber:
1 Eiweiß
1 Päckchen Vanillin-Zucker
1 Prise Jodsalz
1-2 l Wasser

Stelle bereit:

1 Kochtopf
1 Schneebesen
1 Tasse
1 Rührschüssel
1 Handrührgerät mit Rührbesen
1 großen Kochtopf
1 Schaumlöffel

So wird's gemacht:

Gieße die Milch in den Topf.
Nimm etwa 4-5 Eßlöffel von der
kalten Milch ab und verrühre sie
mit dem Puddingpulver, dem
Salz, dem Kakao und dem
Zucker in einer Tasse.

**Kennst Du das auch?
Draußen ist es kalt
und grau, womöglich
fällt gerade Schnee und
Du bist froh, daß Du
im gemütlichen Zimmer
sitzt. Wonach ist Dir dann?
Nach diesem heißen
Schneegestöber!**

Bringe die restliche Milch zum
Kochen. Nimm dann den Topf
von der Kochstelle, gieße das
angerührte Puddingpulver hinein und lasse die Suppe unter
Rühren noch einmal aufkochen.
Brich die Schokolade in kleine
Stücke und rühre sie unter die
heiße Schokoladensuppe.
Für das Schneegestöber schlage das Eiweiß mit dem Zucker
und dem Salz steif. Erhitze das
Wasser in dem kleinen Topf.
Stich nun mit einem Teelöffel
kleine Klößchen aus dem
Eiweiß und setze sie auf das
heiße Wasser (es darf nicht
sprudelnd kochen) und lasse
sie zugedeckt etwa 5 Minuten
garziehen. Hebe die Schnee-
klößchen mit einem Schaumlöffel heraus und setze sie auf
die Schokoladensuppe.

Anstatt Schokoladensuppe
kannst Du auch Vanille-
suppe kochen. Nimm dafür
Vanille-Puddingpulver und
laß den Kakao und die
Blockschokolade weg.

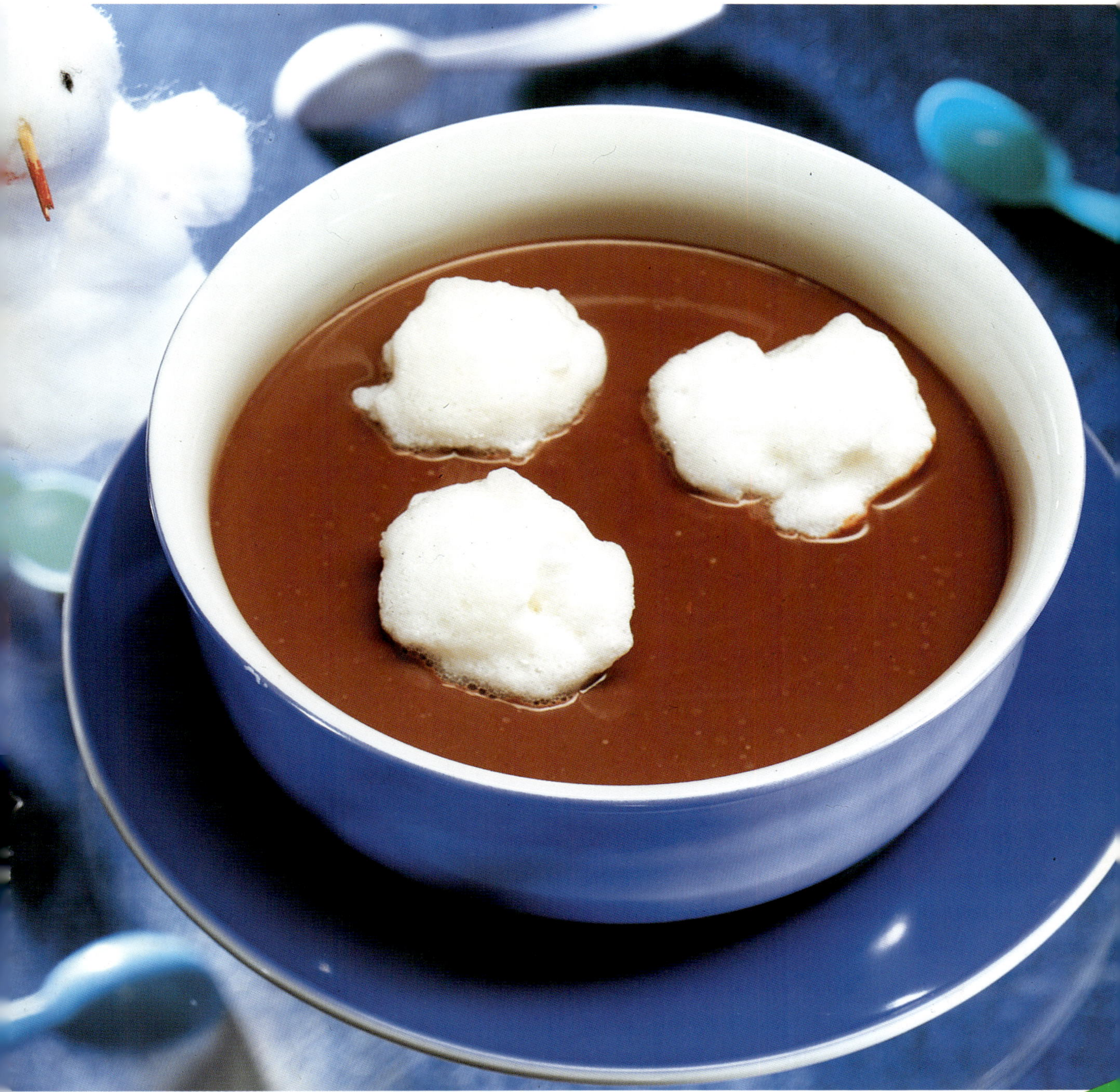

Tomaten-Gurken-Schiffchen

Für 4 Personen brauchst Du:

2 Tomaten
1 Salatgurke

Stelle bereit:

Küchenpapier
1 Küchenmesser
1 Küchenbrettchen
8 Zahnstocher

So wird's gemacht:

Wasche die Tomaten gründlich, trockne sie ab und viertele sie. Dann schneide die Stengelansätze heraus.
Wasche die Salatgurke, trockne sie ab und schneide sie in 8 dicke Scheiben (Scheibendicke etwa ½ cm). Schneide aus jeder Scheibe ein Dreieck. Das Gurkendreieck wird wie ein Segel mit einem Zahnstocher auf dem Tomatenviertel festgesteckt.

Möchtest Du einmal so einen Segeltörn mitmachen? Dann iß ganz viel von diesen kleinen Vitamin-Schiffchen, damit Dir beim Tauziehen nicht die Puste wegbleibt!

Du kannst auch andere Gemüseschiffchen machen, z.B. mit Zucchini oder Kohlrabi als Segel und einer in Achtel geschnittenen Paprikaschote als Rumpf.

Sahnig-süßer Knacksalat

Für 4 Personen brauchst Du:

½ Eisbergsalat
100 ml Schlagsahne
1 Zitrone
3-4 Mandarinen
  (ersatzweise aus der Dose)
3 TL Zucker

Salat ist gesund.
Das weiß jeder.
Aber ganz ehrlich:
Selbst wenn er
nicht gesund wäre:
Er schmeckt
prima.

Stelle bereit:

1 großes Sieb
1 Rührschüssel
1 Zitronenpresse
1 Rührlöffel

So wird's gemacht:

Wasche den Salat gründlich unter fließendem Wasser und lege die Blätter zum Abtropfen in das Sieb. Entferne die harten Rippen und reiße die Blätter in kleine Stücke. Gieße die Sahne in die Schüssel. Presse die Zitrone aus und gib den Saft unter Rühren hinzu. Schäle die Mandarinen, teile sie in Spalten und mische sie mit dem Zucker unter die Sauce.
Verteile den Eisbergsalat auf Salatteller und gieße die Mandarinensauce darüber.

TIP

Statt der Mandarinen kannst Du auch zwei Orangen nehmen. Auch den Eisbergsalat kannst Du gegen Chinakohl oder anderen Blattsalat austauschen.

Hanswurst im Salat

Für 4 Personen brauchst Du:

Für den Salat:
1 kg festkochende Kartoffeln
250 ml (¼ l) Wasser
80 g rohen Schinken
2 große Zwiebeln
2 EL Speiseöl
2 TL Fleischbrühe
   (aus dem Glas)
250 ml (¼ l) heißes Wasser
2 EL Kräuteressig
1 TL Zucker
1 Messerspitze gemahlenen
   schwarzen Pfeffer
1 EL gehackte Petersilie

Für die Würstchen:
4 Wiener oder 2 Paar
   Frankfurter Würstchen
1 ½ l Wasser

Stelle bereit:

1 Kochtopf
1 Küchenmesser
1 Schälmesser
1 große Schüssel
1 Küchenbrett
1 Pfanne
1 Kochlöffel
1 breiten Kochtopf

Zu diesem Salat kann man nur sagen: klassisch, knackig, köstlich!

So wird's gemacht:

Wasche die Kartoffeln und bringe sie in dem Wasser zum Kochen. Lasse sie etwa 20 Minuten bei schwacher Hitze gar kochen. Gieße das Wasser ab, lasse die Kartoffeln abkühlen und pelle sie. Schneide die Kartoffeln in Scheiben oder Würfel. Schneide den Schinken ebenfalls klein. Schäle die Zwiebeln und schneide sie in Würfel. Erhitze das Öl in der Pfanne und brate die Schinken- und Zwiebelwürfel darin an.

Rühre die Brühe mit dem heißen Wasser an, schütte sie in die Pfanne und lasse sie einmal aufkochen. Stelle die Pfanne beiseite und schmecke die Brühe mit Essig, Zucker und Pfeffer ab. Gieße die Brühe mit den Schinken- und Zwiebelwürfeln über die Kartoffeln. Vermenge alle Zutaten gut miteinander und stelle den Kartoffelsalat etwa 2 Stunden zugedeckt kühl. Vor dem Anrichten bestreue ihn mit der Petersilie. Für die Würstchen erhitze das Wasser in dem breiten Topf. Das Wasser darf nicht kochen, sondern muß nur sehr heiß sein. Gib dann die Würstchen hinein und lasse sie ohne Deckel etwa 10 Minuten garziehen.

Super schmecken dazu hartgekochte Eier. Anstatt Würstchen kannst Du zur Abwechslung Power-Burger (Rezept Seite 44) dazu machen.

Kraft-
Knöllchen

Für 4 Personen brauchst Du:

500 g Broccoliröschen
400 g Blumenkohlröschen
500 ml ($\frac{1}{2}$ l) Wasser
$\frac{1}{4}$ TL Jodsalz
40 g Butter oder Margarine
4 gehäufte EL Semmelbrösel

Stelle bereit:

1 Kochtopf
1 Pfanne
1 Kochlöffel
1 Schaumlöffel

Manche behaupten ja, die Dinosaurier und Drachen seien ausgestorben, weil sie angefangen haben, nur noch Süßigkeiten und Kekse zu essen. Hätten Sie lieber diese köstlichen Knöllchen verspeist. Das glaubt Ihr nicht? Nun ja, hoffentlich seid Ihr klüger als die alten Drachen.

So wird's gemacht:

Wasche die Broccoli- und Blumenkohlröschen gründlich unter fließendem kaltem Wasser. Bringe das Wasser mit dem Salz in dem Kochtopf zum Kochen. Gib das Gemüse hinein, decke den Topf zu und lasse alles bei schwacher Hitze etwa 20 Minuten kochen. Zerlasse die Butter oder Margarine in der Pfanne und gib die Semmelbrösel dazu. Rühre so lange, bis die Semmelbrösel goldgelb sind.
Hebe mit dem Schaumlöffel die Blumenkohl- und die Broccoliröschen heraus, gib sie auf Teller und verteile die heißen Semmelbrösel darüber.

TIP

Wenn Du das Gemüse in eine gefettete Auflaufform legst, mit Semmelbröseln bestreust, mit einigen Scheiben Schnittkäse, z.B. Gouda, belegst und dann für etwa 5 Minuten unter den Grill schiebst, erhältst Du einen köstlichen Gemüseauflauf!

Übrigens: Die Strünke von Broccoli und Blumenkohl kannst Du mitkochen und ebenfalls essen (Kochzeit: 30 Minuten).

5kg

Torero-Paella „Olé"

Für 4 Personen brauchst Du:

1 mittelgroße Zwiebel
4 mittelgroße Möhren
2 grüne Paprikaschoten
1 rote Paprikaschote
1 gelbe Paprikaschote
1 Stange Porree (Lauch)
4 EL Olivenöl
200 g Langkornreis
1 EL Tomatenmark
2 gestrichene TL Jodsalz
1 TL gerebelten Oregano
750 ml ($^3/_4$ l) heißes Wasser

Stelle bereit:

1 Schälmesser
1 Küchenbrett
1 Küchenmesser
1 Schüssel
1 große Pfanne mit Deckel
1 Kochlöffel

Zu einer Gemüse-Paella schmecken Spiegeleier ganz prima.

Vielleicht warst Du mit Deinen Eltern schon mal in Spanien und hörst sie seitdem von der köstlichen Paella schwärmen. Kein Problem! Überrasche sie doch mal damit: fast echt spanisch und einfach „grandioso". Olé!

So wird's gemacht:

Schäle die Zwiebel und schneide sie in große Würfel. Wasche die Möhren und schneide die Enden ab. Schäle die Möhren und schneide sie in große Würfel. Halbiere die Paprikaschoten, entferne den Stiel, die Kerne und die weißen Scheidewände.

Wasche die Schoten und schneide sie in Streifen. Schneide von der Porreestange die Außenblätter und die Wurzelenden ab. Halbiere die Stange längs und wasche sie unter fließendem kaltem Wasser. Schneide die Porreestange quer in kleine Streifen. Erhitze das Öl in der Pfanne und dünste die Zwiebelwürfel darin an. Dann gib den Reis, das Gemüse und das Tomatenmark hinzu und verrühre alles miteinander. Streue das Salz und den Oregano darüber. Gieße nun das Wasser in die Pfanne, decke die Pfanne zu und lasse die Paella etwa 25 Minuten bei schwacher Hitze garen. Rühre die Paella zwischendurch immer wieder um.

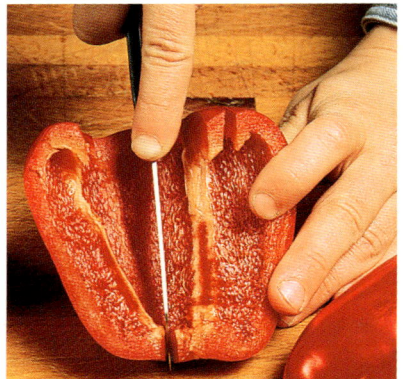

CALA FIGUERA

Kaspers Lieblingspizza

Für 4 Personen brauchst Du:

Speiseöl zum Ausfetten des
Backbleches

Für den Pizzateig:
250 g Magerquark
125 ml (⅛ l) Milch

Kasper kann nicht nur gut
Kasperletheater spielen,
sondern auch gut kochen.
Sobald er nicht auf
Tournee ist, tischt er die
köstlichsten Sachen auf.
Hier sein Lieblingsrezept.

1 Ei
1 EL Speiseöl
½ TL Jodsalz
400 g Roggenmehl
   (Type 1150)
1 Messerspitze Backpulver

Für den Belag **„Pizzakreis"**
1 TL Speiseöl
EL passierte Tomaten
kleine Zwiebel
Dose Thunfisch im eigenen
Saft
EL feingeschnittene Petersilie
gehäufte EL Mais
(aus der Dose)
gehäufte EL geriebenen Käse

Für den Belag **„Pizzadreieck"**
TL Speiseöl
große Zwiebel
kleine Zucchini
kleine Tomate
-6 Scheiben Salami
½ TL gerebelten Oregano
Messerspitze gemahlenen
schwarzen Pfeffer

Für den Belag **„Pizzaquadrat"**
TL Speiseöl
EL passierte Tomaten
Scheiben Fleischwurst
kleine Zwiebel
4 große Champignons
(aus dem Glas)
EL feingeschnittenen
Schnittlauch
Messerspitze gemahlenen
schwarzen Pfeffer
gehäufte EL geriebenen Käse

Für den Belag **„Pizzastange"**
TL Speiseöl
EL passierte Tomaten
Scheiben gekochten
Schinken
Kugel Mozzarella
grüne Paprikaschote
rote Paprikaschote

1 Backblech
1 Backpinsel
1 große Rührschüssel
1 Handrührgerät mit Knethaken
1 kleine Rührschüssel
1 Teigrolle
1 Schälmesser
1 Küchenmesser

So wird's gemacht:

Bestreiche das Backblech mit dem Öl und stelle es zur Seite. Gib den Quark, die Milch, das Ei, das Öl und das Salz in die große Rührschüssel und rühre alles mit dem Handrührgerät gut durch.
Vermische das Mehl mit dem Backpulver in der kleinen Schüssel und knete es nach und nach unter die Quarkmasse. Wenn der Teig noch klebt, knete etwas Mehl darunter. Lasse den Teig etwa 2 Stunden im Kühlschrank zugedeckt ruhen. Dann teile den Teig in 4 Stücke und forme daraus einen Kreis, ein Dreieck, ein Quadrat und eine Stange. Bestreiche alle Pizzas mit dem Öl und steche mit einer Gabel einige Löcher in den Boden.
Für den Belag **„Pizzakreis"** streiche die passierten Tomaten auf den Teigboden. Schäle die Zwiebel, schneide sie in Ringe und gib sie zusammen mit dem Thunfisch, der Petersilie und dem Mais auf die Pizza. Streue zum Schluß den Käse darüber.
Für den Belag **„Pizzadreieck"** schäle die Zwiebel und schnei-

de sie in Ringe. Wasche die Zucchini, schneide die Enden ab und schneide sie in Scheiben. Wasche die Tomate, entferne den Stengelansatz und schneide sie in Würfel. Schneide die Salami in Würfel. Lege alle Zutaten auf die Pizza und bestreue sie mit dem Oregano und dem Pfeffer.
Für den Belag **„Pizzaquadrat"** streiche die passierten Tomaten auf den Teigboden. Schneide die Fleischwurst in kleine Stücke. Schäle die Zwiebel und schneide sie in Ringe. Schneide die Champignons in Scheiben und gib sie mit der Fleischwurst, den Zwiebelringen und dem Schnittlauch auf die Pizza. Bestreue alles mit Pfeffer und gib den Käse darauf.
Für den Belag **„Pizzastange"** streiche die passierten Tomaten auf den Teigboden. Schneide den Schinken in Würfel und den Mozzarella in Scheiben. Halbiere die Paprikaschoten, entferne die Stiele, die Kerne und die weißen Scheidewände. Wasche die Schoten und schneide sie in kleine Würfel. Gib die Schinken- und Paprikawürfel auf die Pizza und lege die Mozzarellascheiben darauf.
Schiebe das Backblech in den Ofen (untere Schiene).

Backofen-Einstellung:
Ober-/Unterhitze: 180-200 °C
(vorgeheizt)
Heißluft: 160-180 °C
(nicht vorgeheizt)
Gas: etwa Stufe 4 (vorgeheizt)
Backzeit: etwa 35 Minuten.

Lasagne „Aladin"

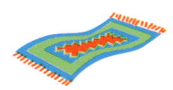

Für 4 Personen brauchst Du:

Butter oder Speiseöl zum
   Ausfetten der Form

Für das Hackfleisch:
1 mittelgroße Zwiebel
1 EL Speiseöl
300 g Rinderhackfleisch
2 EL Tomatenmark
125 ml (⅛ l) Wasser
1 Prise Jodsalz
frisch gemahlenen
   weißen Pfeffer
1 TL gerebelten Thymian

Für die Béchamelsauce:
40 g Butter oder Margarine
40 g Weizenmehl (Type 405)
750 ml (¾ l) Milch
1 Prise Jodsalz
1 Messerspitze frisch
   gemahlenen weißen Pfeffer
etwa 150 g Lasagneblätter
   (ohne Vorgaren)
150 g geriebenen Käse,
   z.B. mittelalten Gouda

Stelle bereit:

1 rechteckige Auflaufform
   (etwa 30 x 25 cm)
1 Backpinsel
1 Schälmesser

1 Küchenbrett
1 Pfanne
1 Kochlöffel
1 Kochtopf
1 Schneebesen

So wird's gemacht:

Streiche die Form mit Butter oder Öl aus. Schäle die Zwiebel und schneide sie in kleine Würfel. Erhitze das Öl in der Pfanne und dünste die Zwiebelwürfel an. Gib das Hackfleisch hinzu und brate es an. Die Fleischklümpchen zerdrücke mit einer Gabel. Rühre das Tomatenmark unter die Fleischmasse und gieße das Wasser hinzu. Lasse die Masse zugedeckt etwa 10 Minuten kochen. Dann würze sie mit Salz, Pfeffer und Thymian. Heize den Backofen vor.
Für die Béchamelsauce zerlasse die Butter bzw. die Margarine bei schwacher Hitze. Gib das Mehl hinzu und rühre es glatt. Gieße nach und nach die kalte Milch dazu und rühre kräftig durch, damit keine Klümpchen entstehen. Nimm den Topf von der Kochstelle und schmecke die Sauce mit Salz und Pfeffer ab.

Lege die Auflaufform mit einer Schicht Lasagneblättern aus, gib darauf schichtweise Hackfleisch, Lasagneblätter und Sauce. Die oberste Schicht sollte aus Sauce bestehen. Bestreue den Auflauf mit dem Käse und schiebe ihn in den Backofen (mittlere Schiene).

Backofen-Einstellung:
Ober-/Unterhitze: etwa 200 °C (vorgeheizt)
Heißluft: etwa 180 °C (nicht vorgeheizt)
Gas: Stufe 3-4 (vorgeheizt)
Backzeit: 30-40 Minuten.

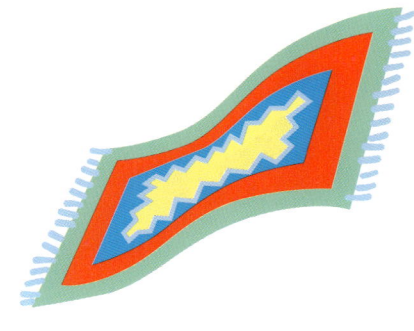

Spaghetti Bolognese

Für 4 Personen brauchst Du:

Für die Sauce:
1 große Zwiebel
2 EL Speiseöl
250 g Rinderhackfleisch
2 EL Tomatenmark
$1/2$ TL Jodsalz
etwa 800 g geschälte Tomaten
(aus der Dose)
1 EL Crème fraîche
1 TL Zucker
1 TL gerebelten Oregano

Für die Nudeln:
$1^{1}/_{2}$ l Wasser
$1/2$ TL Jodsalz
250 g Spaghetti

Zum Bestreuen:
4 EL geriebenen Käse

Stelle bereit:

1 Schälmesser
1 Küchenbrett
1 Kochtopf
1 Kochlöffel/1 großen Kochtopf
1 Durchschlag

So wird's gemacht:

Schäle die Zwiebel und schneide sie in kleine Würfel. Erhitze das Öl in dem Topf, gib das

Kannst Du auch so geschickt mit Löffel und Gabel Spaghetti essen wie die Italiener? Nein? Dann hilft nur eines: Üben!

Hackfleisch dazu und brate es unter Rühren an. Zerdrücke die Klümpchen mit einer Gabel. Füge die Zwiebelwürfel, Tomatenmark, Salz und die Tomaten hinzu. Zerdrücke die Tomaten mit dem Kochlöffel und rühre alles um. Lasse die Sauce bei schwacher Hitze etwa 1 Stunde kochen. Rühre immer wieder um. Gib die Crème fraîche hinzu und schmecke die Sauce mit Zucker und Oregano ab. Stelle die Sauce warm.
Für die Nudeln bringe das Wasser mit dem Salz in dem großen Topf zum Kochen. Gib die Spaghetti hinein und drücke herausragende Nudeln mit dem Kochlöffel unter Wasser. Lasse die Spaghetti gar kochen (etwa 12 Minuten). Schütte sie auf den Durchschlag und lasse sie abtropfen. Verteile die Nudeln auf Teller, gieße die Sauce darüber und bestreue sie mit dem geriebenen Käse.

Spaghetti Carbonara

Für 4 Personen brauchst Du:

Für die Nudeln:
1½ l Wasser
½ TL Jodsalz
250 g Spaghetti

Für die Sauce:
150 g gekochten Schinken
2 EL Speiseöl
125 ml (⅛ l) Schlagsahne
3 Eier
1 Messerspitze Jodsalz
1 Messerspitze gemahlenen
   schwarzen Pfeffer

Zum Bestreuen:
3 EL geriebenen Käse

Stelle bereit:

1 großen Kochtopf
1 Durchschlag
1 Küchenmesser
1 Küchenbrett
1 große Pfanne
1 Rührschüssel
1 Schneebesen
1 Kochlöffel

So wird's gemacht:

Koche die Spaghetti wie in dem Rezept „Spaghetti Bolognese". Gib sie auf den Durchschlag und lasse sie abtropfen. Schneide den Schinken in Würfel.
Erhitze das Öl in der Pfanne und brate den Schinken darin kurz an.
Verrühre mit dem Schneebesen die Sahne mit den Eiern und würze sie mit Salz und Pfeffer. Schütte die Spaghetti in die Pfanne zu dem Schinken und übergieße sie mit der Eiersahne. Rühre so lange, bis die Eier stocken. Dann gib die Spaghetti in eine Schüssel und streue den geriebenen Käse darüber.

Achtung beim Abgießen der Spaghetti! Nimm Topflappen dazu und beuge Dich nicht direkt über den heißen Dampf.

Zauberbrei vom Blech

500 g mehligkochende
  Kartoffeln
125 ml (⅛ l) Wasser
1 Messerspitze Jodsalz
40 g Butter

> Wer sagt denn, daß Kartoffelbrei immer gleich aussehen muß. Wenn Du diesen Brei zauberst, glaubt Dir keiner, daß es Kartoffelbrei war.

1 Eigelb
1 gestrichenen TL Weizenmehl
  (Type 405)
1 Messerspitze Jodsalz
1 Prise gemahlenen weißen
  Pfeffer
1 EL Butter oder Margarine

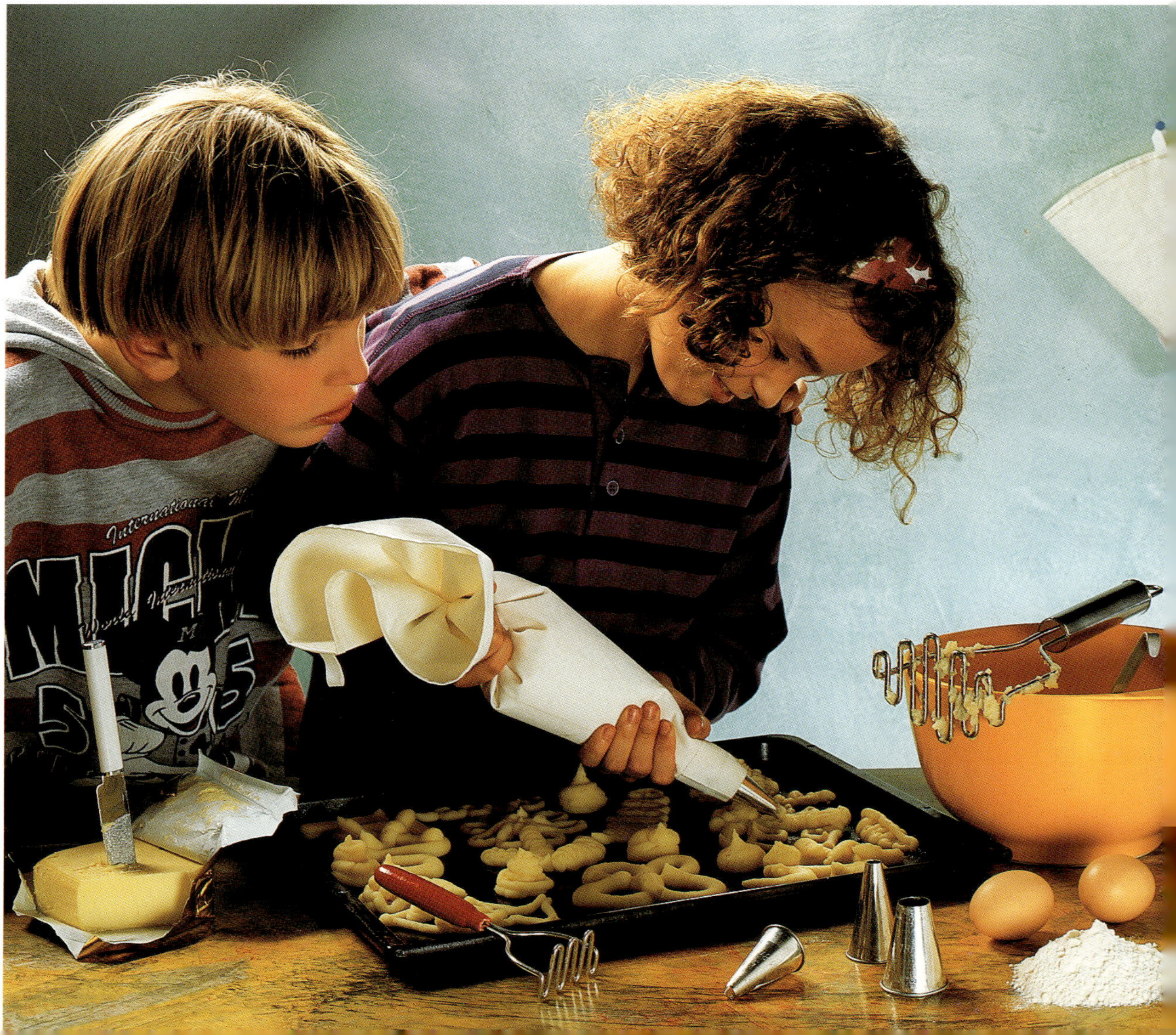

Stelle bereit:

1 Sparschäler
1 Küchenmesser
1 Kochtopf
1 Kartoffelpresse oder
  1 Kartoffelstampfer
1 Schüssel
1 feuchtes Tuch
1 Schneebesen
1 Backblech
Backpapier
1 Spritzbeutel mit großer
  und kleiner Tülle
1 kleinen Kochtopf
1 Backpinsel

So wird's gemacht:

Wasche und schäle die Kartoffeln. Schneide sie in kleine Stücke. Bringe das Wasser mit dem Salz zum Kochen.

Lasse die Kartoffeln darin zugedeckt bei schwacher Hitze etwa 15 Minuten garen. Schütte das Wasser ab. Lasse die Kartoffeln ausdampfen und zerdrücke sie mit Hilfe der Kartoffelpresse oder des Kartoffelstampfers. Gib den Kartoffelbrei in die Schüssel. Stelle die Schüssel auf ein feuchtes Tuch, damit sie nicht verrutscht. Rühre zuerst die Butter, dann das Eigelb und das Mehl unter den Kartoffelbrei.

Schmecke den Kartoffelbrei mit Salz und Pfeffer ab. Heize den Backofen vor und belege das Backblech mit dem Backpapier. Jetzt fülle den Kartoffelteig mit einem Eßlöffel in den Spritzbeutel. Spritze Figuren, z.B. Herzen, Regenwürmer, Drachen usw. auf das Backpapier. Wechsle ruhig die Tüllengröße. Lasse die Butter oder Margarine in dem kleinen Topf schmelzen und streiche sie auf die Kartoffelbreifiguren. Schiebe das Backblech in den Backofen (mittlere Schiene).

Backofen-Einstellung:
Ober-/Unterhitze: 180-200 °C (vorgeheizt)
Heißluft: 160-180 °C (nicht vorgeheizt)
Gas: etwa Stufe 4 (vorgeheizt)
Backzeit: etwa 15 Minuten.

Färbe den Kartoffelbrei mit sehr fein gehackten, grünen Kräutern, dann kannst Du grüne Figuren spritzen.

Kartoffeln im Glitzerkleid

Für 3 Personen brauchst Du:

600 g mehligkochende
   Kartoffeln (6 mittelgroße)
2 TL Speiseöl zum Bepinseln
   der Folie

Für die Quarkremoulade:
125 g Speisequark
125 g saure Sahne
1 EL Speiseöl
1 EL Kräuteressig
1 TL Senf
½ TL Jodsalz
1 Messerspitze gemahlenen
   weißen Pfeffer
1 gestrichenen TL Zucker
1 EL feingeschnittenen
   Schnittlauch
1 hartgekochtes Ei
1 mittelgroße Zwiebel
1 mittelgroße süß-saure
   Essiggurke

Stelle bereit:

1 Gemüsebürste
Küchenpapier
Alufolie
1 Backpinsel
1 Küchenmesser
1 Schere
1 Schüssel
1 Schneebesen
1 Küchenbrett

Auch Kartoffeln lieben die Abwechslung und schmeißen sich schon mal in Schale. Hier ist der Gala-Auftritt für unsere liebste Knolle.

So wird's gemacht:

Bürste die Kartoffeln unter fließendem Wasser sauber. Tupfe sie mit Küchenpapier trocken und ritze sie auf der breiten Fläche kreuzweise ein. Heize den Backofen vor. Schneide aus der Folie 6 genügend große Quadrate, so daß Du eine Kartoffel hineinwickeln kannst und bepinsele diese mit dem Öl. Lege die Kartoffeln einzeln darauf und falte die Folie rundum zu. Dann setze die Folienpäckchen auf den Rost und schiebe sie in den Backofen. Dort müssen sie etwa 45 Minuten garen. Danach drücke die Folienpäckchen leicht an, damit die eingeschnittenen Stellen auf den Kartoffeln aufplatzen. Schneide die Folie auf und verteile die Quarkremoulade auf die Kartoffeln in der Folie.

Für die Quarkremoulade gib den Quark, die saure Sahne, das Öl, den Essig, den Senf, das Salz, den Pfeffer, den Zucker und den Schnittlauch in die Schüssel und verrühre alles zu einer dicklichen Sauce. Pelle das Ei und schäle die Zwiebel. Hacke das Ei in grobe Stücke und schneide die Zwiebel und die Gurke in sehr kleine Würfel. Schütte die Zutaten in die Sauce und vermische alles vorsichtig miteinander.

Backofen-Einstellung:

Ober-/Unterhitze: 180-200 °C (vorgeheizt)
Heißluft: 160-180 °C (nicht vorgeheizt)
Gas: etwa Stufe 4 (vorgeheizt)
Garzeit für die Kartoffeln: etwa 45 Minuten.

Diese Kartoffeln kann man auch toll am Lagerfeuer garen. Die in Alufolie gewickelten Kartoffeln werden einfach in die Glut gelegt. Nach 30-40 Minuten sind sie weich.

Pommes „Pomm Fritz"

Butter oder Speiseöl zum Ausfetten des Backbleches
500 g festkochende Kartoffeln
½ TL Jodsalz

Stelle bereit:

1 Backblech
1 Backpinsel
1 Sparschäler
1 Küchenbrett
1 Küchenmesser
Plätzchen-Ausstechförmchen

So wird's gemacht:

Bestreiche das Backblech mit
der Butter oder dem Öl und
stelle es beiseite.
Wasche und schäle die Kartoffeln.
Für **Pommes** schneide die
Kartoffeln in etwa 1 cm dicke
und 4 cm lange Stäbchen.
Verteile die Pommes gleich-
mäßig auf dem Backblech und
schiebe das Blech in den
Backofen (mittlere Schiene).

Für **Kartoffelfiguren** schneide
die Kartoffeln der Länge nach
in etwa 1 cm dicke Scheiben.

**Macht doch aus
Kartoffeln einmal
einen Kartoffelstempel.
Dazu schneidet
Ihr eine Kartoffel durch,
schnitzt daraus
eine Form und tunkt
sie in Farbe. Damit
kann man
z.B. Briefpapier
bedrucken.**

Nun lasse Deine Phantasie
walten und schneide Buchstaben, Zahlen und Figuren aus.
Das geht ganz einfach, wenn
Du dafür Ausstechförmchen für
Plätzchen nimmst. Verteile die
Figuren auf dem Backblech.
Schnippelreste gib auch mit
darauf. Schiebe das Blech in
den Backofen (mittlere Schiene). Bestreue die fertigen Pommes und Kartoffelfiguren mit
dem Salz.

Backofen-Einstellung:
Ober-/Unterhitze: etwa 220 °C
(vorgeheizt)
Heißluft: etwa 200 °C
(nicht vorgeheizt)
Gas: etwa Stufe 5 (vorgeheizt)
Backzeit: etwa 45 Minuten.

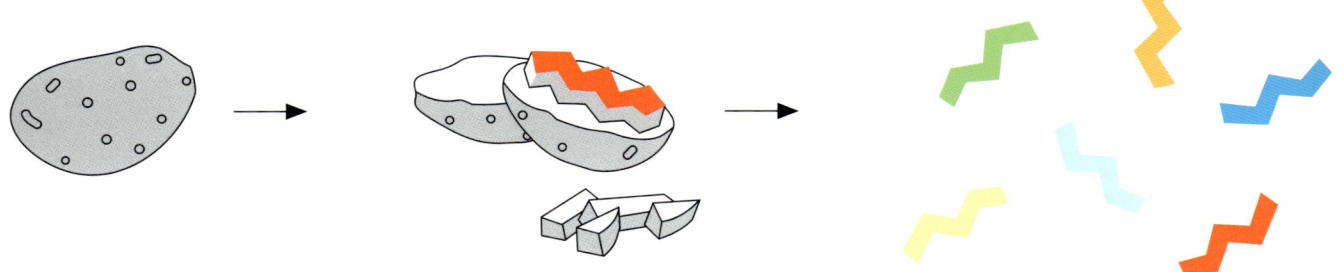

Risi-Pisi

Für 4 Personen brauchst Du:

300 g tiefgefrorene feine
 Erbsen (1 Päckchen)
1 große Zwiebel
4 EL Olivenöl
250 g Langkornreis
1 gestrichenen TL Jodsalz
1 l Wasser
1 Messerspitze gemahlenen
 schwarzen Pfeffer

Stelle bereit:

1 Schüssel
1 Schälmesser
1 Küchenbrett
1 großen Kochtopf
1 Kochlöffel

So wird's gemacht:

Gib die Erbsen in die Schüssel
und lasse sie antauen. Schäle
die Zwiebel und schneide sie in
kleine Würfel. Erhitze das Öl in
dem Topf und dünste die Zwiebelwürfel bei schwacher Hitze
darin an. Schütte den Reis dazu
und streue das Salz darüber.
Gieße das Wasser hinzu und
bringe es zum Kochen. Lasse
den Reis zugedeckt bei schwacher Hitze etwa 10 Minuten
quellen. Rühre häufig um.

Was so seltsam
klingt, ist eines der
Lieblingsgerichte
italienischer Kinder.
Und die wissen,
was schmeckt!
Bene!

Menge die angetauten Erbsen
unter den Reis, lasse alles
nochmals kurz aufkochen und
schalte die Temperatur herunter. Jetzt muß der Reis noch
etwa 15 Minuten weiterquellen.
Zum Schluß schmecke das
Gericht mit Pfeffer ab.

Milchreis

Für 4 Personen brauchst Du:

1 l Milch
1 Prise Jodsalz
½ Zimtstange
200 g Rundkornreis
2 gestrichene EL Zucker
Zimt und Zucker

Wenn Dich mal so richtig der Hunger packt, dann mach Dir Milchreis. Der geht schnell, macht satt, und außerdem habt Ihr die Zutaten meistens zu Hause.

Stelle bereit:

1 Kochtopf
1 Kochlöffel

So wird's gemacht:

Bringe die Milch mit dem Salz und der Zimtstange zum Kochen. Gib den Reis und den Zucker hinzu und lasse den Reis bei schwacher Hitze etwa 25 Minuten quellen. Rühre immer wieder um, damit der Reis nicht anbrennt. Nach etwa 15 Minuten kannst Du die Herdplatte ausschalten. Sie bleibt noch eine Weile heiß und Du sparst Strom. Vor dem Essen nimm die Zimtstange heraus und bestreue den Reis mit Zimt und Zucker.

Lecker schmeckt es, wenn Du unter den abgekühlten Reis Himbeeren oder Heidelbeeren rührst. Frisches Obst schmeckt am besten, aber tiefgekühltes kannst Du auch verwenden. Außerdem kannst Du steifgeschlagene Sahne darunterheben.

Pfannkuchen Max und Moritz

Für 3 Personen brauchst Du:

Für das Pfannkuchen-Grundrezept:

100 g Weizenmehl (Type 405)
100 ml Mineralwasser
125 ml (⅛ l) Milch
1 Ei

Für den pikanten
Max-Pfannkuchen:

1 Portion Pfannkuchenteig
1 Prise Jodsalz
frisch gemahlenen
    weißen Pfeffer
150 g Cocktailtomaten
3 Scheiben gekochten
    Schinken
1 Bund Schnittlauch
3 EL Speiseöl
200 g Maiskörner
    (aus der Dose)

Für den süßen
Moritz-Pfannkuchen:

1 Portion Pfannkuchenteig
1 TL Zucker
3 EL Speiseöl
etwa 370 g Sauerkirschen
    (aus dem Glas)
1-2 EL Puderzucker

Max und Moritz, diese beiden mögt Ihr sicher gerne leiden. Eine tolle Variante bringt Max, der Pikante. Und die Krönung der Genüsse, liefert Moritz, der Süße.

Stelle bereit:

1 Sieb
1 Rührschüssel
1 Schneebesen
1 kleine Pfanne
1 kleine Schöpfkelle
1 Pfannenwender

So wird´s gemacht:

Siebe das Mehl in die Rührschüssel. Gib das Mineralwasser, die Milch und das Ei hinzu und verrühre alle Zutaten zu einem glatten Teig.

Für den **Max-Pfannkuchen** rühre Salz und Pfeffer unter den Teig. Wasche die Tomaten und halbiere sie. Schneide den Schinken in Streifen oder Würfel. Wasche den Schnittlauch und schneide ihn klein.

Erhitze etwa 1 Eßlöffel Öl in der Pfanne und gib mit der Kelle etwa ⅓ Teig hinein. Bewege die Pfanne hin und her, damit sich der Teig gut verteilt. Verteile jeweils ⅓ Tomaten, Schinkenwürfel, Schnittlauch und Maiskörner auf dem Pfannkuchen. Backe den Pfannkuchen zugedeckt so lange, bis sich die Unterseite bräunt. Nimm ihn mit einem Pfannenwender heraus und stelle ihn warm. Backe die übrigen Pfannkuchen genauso.

Für den **Moritz-Pfannkuchen** bereite wie oben – nur mit Zucker anstatt Salz und Pfeffer – einen Pfannkuchenteig. Schütte die Kirschen auf ein Sieb und lasse sie abtropfen. Den Saft kannst Du auffangen und weiterverwenden. Gib mit der Kelle ⅓ Pfannkuchenteig in die Pfanne und verteile ⅓ der Kirschen darauf. Backe den Pfannkuchen zugedeckt so lange, bis sich die Unterseite bräunt. Nimm ihn mit einem Pfannenwender heraus und stelle ihn warm. Backe die übrigen Pfannkuchen genauso. Vor dem Essen bestreust Du sie noch mit Puderzucker.

Heiße Party-Scheiben

Für 4 Personen brauchst Du:

12 Scheiben Vollkorntoastbrot
etwas Butter oder Margarine
4 Ananasscheiben
  (aus der Dose)
4 Scheiben Schnittkäse,
  z.B. mittelalten Gouda
4 Scheiben gekochten
  Schinken
4 Pfirsichhälften (aus der Dose)
1 Dose Thunfisch
  (im eigenen Saft)
1 Zwiebel

Stelle bereit:

1 Toaster
1 Küchenbrett
1 Schälmesser
1 Backblech/Backpapier

So wird's gemacht:

Toaste die Brotscheiben und
bestreiche sie dünn mit Butter
oder Margarine.
Auf 4 Toastscheiben lege je
1 Ananasscheibe und darauf je
1 Scheibe Käse. Schiebe die
4 Toastscheiben auf dem mit
Backpapier belegten Backblech
in den Backofen.
Auf 4 weitere Toastscheiben
lege je 1 Scheibe Schinken und

**Diese Toasts sind
einfach super für
Parties oder
wenn mal viele Freunde
kommen. Sie gehen
fix, lassen sich prima
vorbereiten und
schmecken immer.**

darauf je 1 Pfirsichhälfte.
Verteile den Thunfisch auf den
letzten 4 Scheiben. Schäle die

Zwiebel, schneide sie in Ringe
und lege diese auf den Thunfisch. Wenn Du möchtest,
kannst Du auch diese Toasts
in den Ofen schieben.

Backofen-Einstellung:
Ober-/Unterhitze: etwa 200 °C
(vorgeheizt)
Heißluft: etwa 180 °C
(nicht vorgeheizt)
Gas: etwa Stufe 4 (vorgeheizt)
Backzeit: etwa 10 Minuten.

Balus Bananen-Toast

Für 1 Person brauchst Du:

2 Scheiben Vollkorntoastbrot
50 g Hüttenkäse
½ Banane
ein paar Tropfen Zitronensaft
1 Scheibe gekochten Schinken

Stelle bereit:

1 Toaster
1 Küchenmesser
1 Küchenbrettchen

Einmal im Jahr findet im Urwald ein großes Treffen statt. Alle Tiere kommen: die Affen, die Panther, die Schlangen usw. Und der Gipfel sind jedesmal Balus Bananen-Toasts!

So wird's gemacht:

Toaste die Brotscheiben und bestreiche sie mit dem Hüttenkäse.
Schneide die Banane in Scheibchen und lege sie auf eine Toastscheibe.
Beträufele die Bananenscheibchen mit dem Zitronensaft, damit sie nicht braun werden.
Lege den Kochschinken auf den belegten Toast.
Lege die zweite Scheibe Toast nun wie einen Deckel auf den Bananen-Schinken-Toast.

TIP

Wer es lieber ganz süß mag, belegt den Toast nur mit Bananen und gibt noch andere Früchte, z.B. Weintrauben, mit darauf.

Süße Überraschung

Für 3 Personen brauchst Du:

Butter oder Speiseöl zum
   Ausfetten der Formen
250 ml (¼ l) Milch
1 Prise Jodsalz
25 g Hartweizen-Grieß
1 Päckchen Vanillin-Zucker
2 EL Zucker
1 ½ EL Zitronensaft
100 g Crème fraîche
2 Eigelb
2 mittelgroße Möhren
2 mittelgroße, säuerliche Äpfel,
   z.B. Boskop
50 g gemahlene Haselnußkerne
   oder abgezogene, gemahlene
   Mandeln
1 Messerspitze Backpulver
2 Eiweiß

Es gibt ja viele Überraschungen, doch diese Überraschung ist bestimmt die süßeste. Ausprobieren!

Stelle bereit:

3 kleine Auflaufformen
   (Durchmesser etwa 14 cm)
   oder 1 große Auflaufform
1 Backpinsel
1 Kochtopf
1 Schneebesen
1 Teigschaber
1 Schüssel
1 Küchenmesser
1 Gemüsereibe
1 Rührschüssel
1 Handrührgerät mit Rührbesen

So wird's gemacht:

Pinsele die Auflaufformen, bzw. die Auflaufform sorgfältig mit der Butter oder dem Öl aus. Bringe die Milch mit dem Salz in dem Topf zum Kochen und schütte unter Rühren den Grieß in die kochende Flüssigkeit. Decke den Topf zu und lasse den Grieß bei schwacher Hitze etwa 3 Minuten quellen. Heize den Backofen vor. Gib den Grießbrei mit Hilfe des Teigschabers in die Schüssel. Rühre mit dem Schneebesen den Vanillin-Zucker, den Zucker, den Zitronensaft, die Crème fraîche und das Eigelb unter den Grießbrei. Wasche die Möhren und schneide die Enden ab. Schäle die Möhren und reibe sie auf der feinen

Toll schmeckt zu diesem Auflauf eine Vanillesauce. Wer Rosinen mag, kann gerne 1-2 Eßlöffel dazugeben.

Seite der Gemüsereibe zu dem Brei. Schäle die Äpfel, viertele sie, schneide das Kerngehäuse heraus und reibe sie auf der groben Seite der Gemüsereibe ebenfalls in die Schüssel. Gib die Haselnußkerne oder Mandeln und das Backpulver dazu.

Verrühre alle Zutaten mit dem Schneebesen. Schlage das Eiweiß zu steifem Schnee, hebe ihn vorsichtig unter die Grießmasse und fülle die Masse in die Auflaufformen. Schiebe die Formen auf dem Rost in den Backofen (mittlere Schiene).

Backofen-Einstellung:
Ober-/Unterhitze: 180-200 °C (vorgeheizt)
Heißluft: 160-180 °C (nicht vorgeheizt)
Gas: etwa Stufe 4 (vorgeheizt)
Backzeit: etwa 35 Minuten.

Power-Burger „Knack und Käse"

Für das Power-Burger-Grundrezept:

1 kleine Zwiebel
200 g Rinderhackfleisch
1 Ei
2 EL Semmelbrösel
2 Messerspitzen Jodsalz
1 Messerspitze gemahlenen
   schwarzen Pfeffer
1 EL Speiseöl

Für den Gemüseburger:

1 Dreikornbrötchen
1 gestrichenen TL Butter
   oder Margarine
2 große Salatblätter
3 Scheiben Salatgurke
½ geraspelte Möhre

Für den Käseburger:

1 Milch- oder Käsebrötchen
1 gestrichenen TL Butter
   oder Margarine
1 kleine Tomate
2 große Salatblätter
1 TL Tomatenketchup
½ Scheibe Schnittkäse

Leute, was gibt's hier noch zu sagen: Nix wie ran an die Buletten!

Stelle bereit:

1 Schälmesser
1 Küchenbrett
1 Rührschüssel
1 Pfanne
1 Pfannenwender
1 Küchenmesser

So wird's gemacht:

Schäle die Zwiebel und schneide sie in kleine Würfel.
Gib das Hackfleisch mit dem Ei, den Semmelbröseln, den Zwiebelwürfeln, Salz und Pfeffer in die Schüssel und vermenge die Zutaten gut miteinander. Dann forme aus dem Hackfleischteig zwei große Hamburger.
Erhitze das Öl in der Pfanne und brate die Hamburger von jeder Seite etwa 5 Minuten braun an.

Für den **Gemüseburger** schneide das Brötchen in zwei Hälften und bestreiche jede Seite mit Butter oder Margarine. Wasche die Salatblätter und lasse sie abtropfen. Belege das Brötchen der Reihe nach mit einem Salatblatt, dem Burger, den Gurkenscheiben, den Möhrenraspeln und dem zweiten Salatblatt. Dann kannst Du das Brötchen zuklappen.

Für den **Käseburger** schneide das Brötchen in zwei Hälften und bestreiche jede Seite mit Butter oder Margarine. Wasche die Tomate und schneide sie in Scheiben. Wasche die Salatblätter und lasse sie abtropfen. Belege den Käseburger zuerst mit einem Salatblatt und dann dem Burger. Streiche das Tomatenketchup auf den Burger und lege die Tomatenscheiben darauf. Jetzt kommt das zweite Salatblatt darauf und zum Abschluß die Käsescheibe. Zuklappen und futtern.

Dschungelschnitzel à la Tarzan

Für 2 Personen brauchst Du:

2 kleine Putenschnitzel
(je etwa 180 g)
1 Prise Jodsalz
etwas Currypulver
1 Ei
3 gehäufte EL Kokosflocken
3 EL Speiseöl
½ Zitrone

Stelle bereit:

Küchenpapier
2 flache Teller
1 Pfanne
1 Pfannenwender
1 Zitronenpresse

So wird's gemacht:

Spüle die Putenschnitzel unter fließendem kaltem Wasser ab und tupfe sie mit Küchenpapier trocken. Bestreue jede Seite mit Salz und Currypulver. Schlage das Ei auf den einen Teller und verschlage es mit einer Gabel. Schütte die Kokosflocken auf den anderen Teller. Wende die Putenschnitzel zuerst im Ei und wälze sie dann in den Kokosflocken. Drücke die Kokosflocken etwas an. Erhitze das Öl in der Pfanne und brate die Putenschnitzel vorsichtig von jeder Seite etwa 5 Minuten goldgelb.
Presse die Zitrone aus und beträufle die Schnitzel mit dem Zitronensaft.

Statt der Kokosflocken kannst Du auch Semmelbrösel nehmen. Zu diesem Schnitzel passen Gemüse, Kartoffeln und Salat.

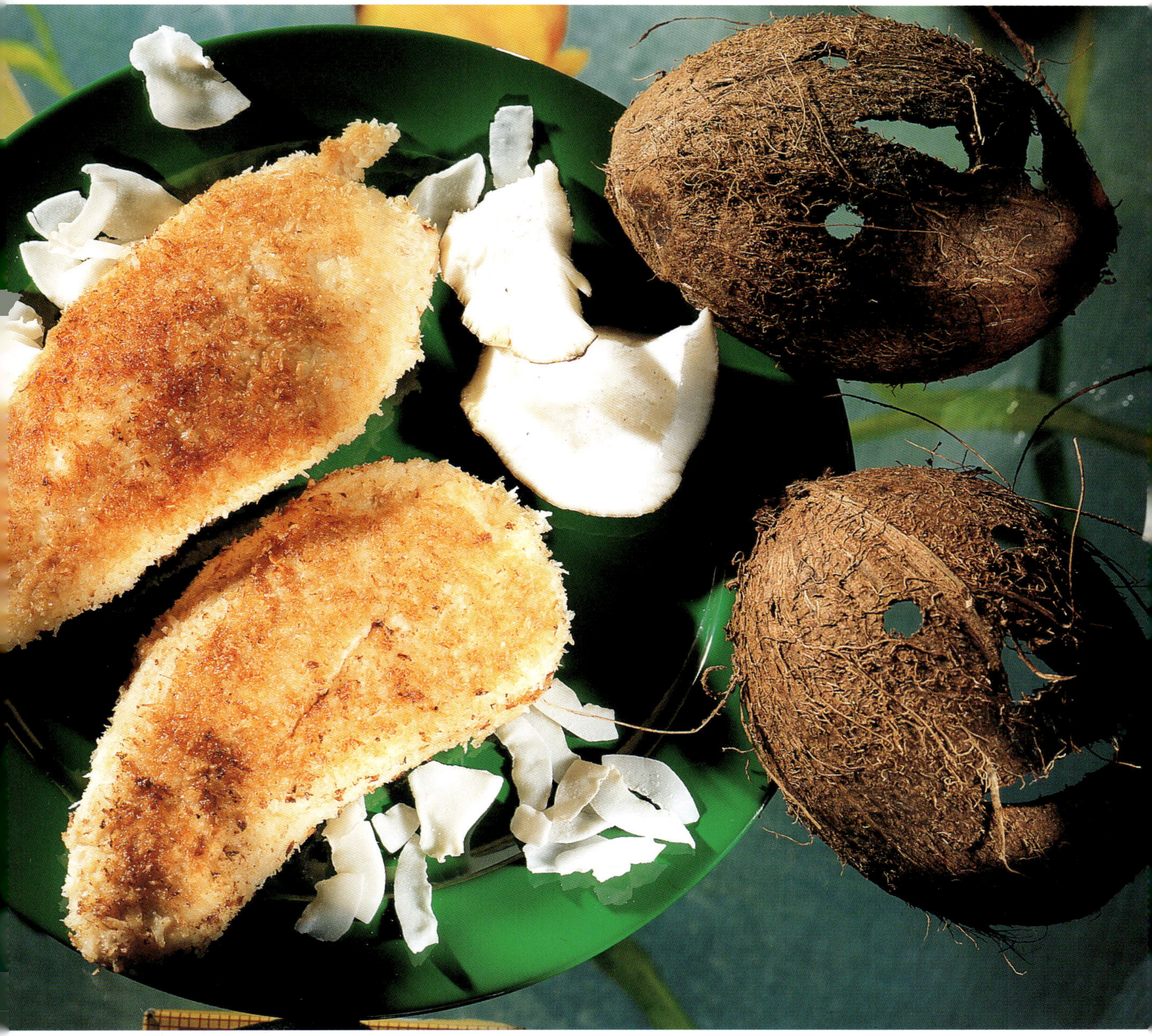

Piraten-Spießchen

Für 3 Personen brauchst Du:

375 g Rinderfilet
  oder dickes Roastbeef
1 Messerspitze gemahlenen
  weißen Pfeffer
3 kleine Zwiebeln
3 kleine eingelegte
  Maiskölbchen
1 rote Paprikaschote
1 gelbe Paprikaschote
2 EL Speiseöl
1 gestrichenen TL Jodsalz

Stelle bereit:

Küchenpapier
1 Küchenbrett
1 Küchenmesser
1 Schälmesser
3 Schaschlikspieße
1 Pfanne

Für ein Gartenfest mit Deinen Freunden sind diese Spießchen große Klasse. Reiche dazu noch ein Baguette und eine erfrischende Bowle. Das wird ein Sommerhit.

So wird's gemacht:

Spüle das Fleisch unter fließendem kaltem Wasser ab und tupfe es mit Küchenpapier trocken. Schneide das Fleisch nun in 15 Würfel und bestreue sie mit dem Pfeffer.
Schäle und halbiere die Zwiebeln. Schneide die Maiskölbchen quer durch.
Halbiere die Paprikaschoten, entferne den Stiel, die Kerne und die weißen Scheidewände. Wasche die Schoten und schneide sie in 21 große Stücke.
Stecke die Fleischwürfel abwechselnd mit dem Gemüse auf die 3 Schaschlikspieße. Das erste und das letzte Stück sollte Fleisch sein, dann kann nichts vom Spieß rutschen.

Erhitze das Öl in der Pfanne und brate die Spieße von allen Seiten 8-10 Minuten. Würze sie zum Schluß mit dem Salz. Zu den Spießchen paßt neben Weißbrot am besten Reis, Hirse und ein Salat.

Gut schmeckt auch Hähnchen- oder Putenfleisch auf den Spießen. Gerne kannst Du Dir auch andere Gemüsesorten dazu aufspießen, z.B. grüne Paprika, Tomaten, Kohlrabi, Möhren usw.

Hot Dogs

Für 2 Hot Dogs brauchst Du:

1 ½ l Wasser
2 Wiener Würstchen
2 Essiggurken
1 kleine Zwiebel

Das Ärgerliche an
Hot Dogs: Man
bekleckert sich schnell.
Wollt Ihr das?
Also Servietten her.

2 Baguette- oder Dreikornbrötchen
etwa 2 EL Tomatenketchup
etwas Senf oder Mayonnaise

So wird's gemacht:

Erhitze das Wasser, gib die Würstchen hinein und lasse sie etwa 10 Minuten ohne Deckel garziehen. Das Wasser darf nicht kochen, sondern muß nur sehr heiß sein.
Schneide die Essiggurken in kleine Würfel. Schäle die Zwiebel und schneide sie ebenfalls in kleine Würfel.

Schneide von den Brötchen an der langen Seite eine dünne Scheibe ab. Höhle die Brötchen mit einem Teelöffel etwas aus. Stecke in jedes Brötchen eine Wurst hinein. Gib die Gurken- und Zwiebelwürfel, das Tomatenketchup und zum Schluß den Senf bzw. die Mayonnaise mit hinein.

Stelle bereit:

1 Kochtopf
1 Küchenmesser
1 Küchenbrett

TIP

Weißt Du, daß Hot Dogs (auf Deutsch: Heiße Hunde) kein bißchen gesund sind? Ehrlich! Deshalb ißt Du dazu am besten einen frischen Salat. Der hat ganz viele Vitamine und Mineralstoffe!

Kunterbunte Götterspeise

Für 6 Personen brauchst Du:

je 1 Päckchen Götterspeise
   rot, gelb und grün
je Päckchen 100 g Zucker
je Päckchen ½ l Wasser
Obst je nach Jahreszeit,
   z.B. Bananen, Weintrauben,
   Kiwis, Äpfel, Erdbeeren

Stelle bereit:

1 kleine Schüssel
1 große Schüssel
1 Schneebesen

So wird's gemacht:

Bereite nach der Anleitung auf
dem Päckchen zuerst die rote
Götterspeise zu und gieße sie in
die große Schüssel.
Stelle die Schüssel kurz in den
Kühlschrank, damit sie fest
wird.
In der Zwischenzeit bereite die
gelbe Götterspeise zu. Wasche
und schäle - wenn notwendig -
das Obst und schneide es in
kleine Stücke. Nimm die rote
Götterspeise aus dem Kühlschrank, lege das Obst darauf
und gieße die gelbe Götterspeise darüber. Stelle die Schüssel
wieder in den Kühlschrank.

**Verstecke doch mal
Gummibärchen in der
abgekühlten Grütze. Wer
aus seiner Portion eines
herausfischt, darf sich von
den anderen etwas
wünschen, z.B. ein Lied.**

Bereite die grüne Götterspeise
zu, lege wieder eine Schicht
Obst dazwischen und gieße die
grüne als Abschluß obenauf.
Stelle die Götterspeise über
Nacht in den Kühlschrank,
damit sie schön fest wird.

Pi-Pa-Popcorn

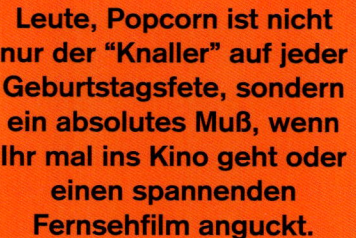

Für 4 Personen brauchst Du:

2-3 EL Speiseöl
250 g Popcorn-Mais
Zucker oder Salz
Anispulver oder Zimtpulver
   oder Zucker mit Kakao

Leute, Popcorn ist nicht nur der "Knaller" auf jeder Geburtstagsfete, sondern ein absolutes Muß, wenn Ihr mal ins Kino geht oder einen spannenden Fernsehfilm anguckt.

Stelle bereit:

1 großen Topf mit Deckel
1 Schüssel

So wird's gemacht:

Erhitze das Öl in dem Topf bei mittlerer Hitze. Schütte den Popcorn-Mais etwa $\frac{1}{2}$ cm hoch in das heiße Öl und decke den Topf zu. Nun beginnen die Maiskörner aufzuplatzen. Sobald das Knallen vorbei ist, nimm die Pfanne von der Kochstelle und schütte das Popcorn in eine Schüssel. Anschließend kannst Du es nach Deinem Geschmack mit Zucker, Salz, Anis- oder Zimtpulver oder Zucker mit Kakao bestreuen.

Probiert doch einmal Popcorn zum Schokoladen-Fondue auf Seite 56! Übrigens gibt es richtige „Popcorn-Maschinen". Damit geht's noch besser.

Gespenster-grütze

Für 4 Personen brauchst Du:

Für die Grütze:
250 g rote Johannisbeeren
500 g entsteinte Süßkirschen
250 g Himbeeren
500 ml (½ l) Kirschsaft
   oder Wasser
1 gehäuften EL Speisestärke
4 gestrichene EL Zucker

Für die Sauce:
500 ml (½ l) Milch
1 Päckchen Dessert-Sauce
   Vanille-Geschmack
½ Päckchen Vanillin-Zucker
1 gestrichenen EL Zucker

Stelle bereit:

1 Tasse
1 Kochtopf
1 Kochlöffel
1 Schöpfkelle
1 Puddingform
1 Kochtopf

Gespenster lieben süße Grütze mit Vanille-Sauce. Kaum zu glauben, wie gespenstisch schnell sich die Schüssel leert. Wenn bei Dir die Grütze auch auf so unerklärliche Weise verschwindet, ist es vielleicht Euer Hausgespenst – oder?

So wird's gemacht:

Wasche die Früchte und entferne die Rispen und Stiele.
Rühre die Speisestärke mit 4 Eßlöffeln von dem Saft oder dem Wasser in der Tasse an. Bringe die restliche Flüssigkeit mit dem Zucker zum Kochen. Dann rühre die angerührte Speisestärke hinein und nimm den Topf von der Kochstelle. Rühre die Früchte unter, fülle die Rote Grütze in eine Puddingform oder Glasschale und stelle sie kalt.
Nach dem Erkalten stürzt Du die Grütze auf einen großen flachen Teller.
Koche aus der Milch, dem Saucenpulver, dem Vanillin-Zucker und dem Zucker nach der Anleitung auf dem Päckchen die Vanille-Sauce und lasse sie abkühlen. Rühre sie immer wieder um, damit sich keine Haut bildet. Dann gieße die Sauce über die Grütze.

Mach doch mal eine Grüne Grütze:

Dazu brauchst Du:

500 g Stachelbeeren
250 g Kiwis
250 g grüne Weintrauben
500 ml (½ l) Stachelbeersaft
1 gehäuften EL Speisestärke
4 gestrichene EL Zucker

Die Grüne Grütze wird genauso zubereitet wie die Rote Grütze.

Schokoladen-Fondue

Für 4 Personen brauchst Du:

16 große blaue
  oder grüne Weintrauben
8 Pflaumen
1 Birne
1 Apfel
4 Scheiben Stutenbrot
1 Zitrone
1 Tafel Vollmilchschokolade
  (100 g)
1 Tafel Halbbitterschokolade
  (100 g)
250 ml (¼ l) Schlagsahne
2 EL Johannisbeergelee

Stelle bereit:

Küchenpapier
1 Küchenbrett
1 Küchenmesser
4 Schälchen oder Teller
1 Zitronenpresse
1 Brotkorb
1 Rechaud mit Spiritusbrenner
1 Fonduetopf oder ersatzweise
  1 Stövchen und
  1 feuerfeste Schüssel
1 Schneebesen
4 Fonduegabeln oder
  hölzerne Schaschlik-
  stäbchen

Fondues sind der Renner auf Geburtstags- oder sonstigen Parties. Die Erwachsenen machen Fondues mit Käse und Fleisch – auch nicht schlecht. Aber den wahren Geschmack bringt erst Schokolade.

So wird's gemacht:

Wasche das Obst und tupfe es mit Küchenpapier trocken. Halbiere die Weintrauben und die Pflaumen und entkerne bzw. entsteine sie. Schäle die Birne und den Apfel und schneide das Obst in kleine Stücke. Schneide die Brotscheiben in kleine Würfel. Verteile das Obst auf die Schälchen oder Teller. Presse die Zitrone aus und beträufle das Obst mit dem Saft, damit es nicht braun wird. Gib das Brot in den Brotkorb. Breche die Schokolade in kleine Stücke. Erwärme die Sahne in dem Fonduetopf, gib die Schokolade hinein und bringe sie unter Rühren zum Schmelzen. Zum Schluß mische das Gelee darunter. Dann spieße nach Lust und Laune die Früchte und das Stutenbrot auf die Gabeln und tunke sie in heiße Schokolade.

Schmelzender Schneemann

Für 3 Personen brauchst Du:

500 ml (½ l) Milch
50 g Blockschokolade
2 gehäufte TL Kakao
3 EL Vanilleeis

**Er ist heiß.
Er ist süß.
Er schmeckt und macht
richtig satt.
Super.**

Stelle bereit:

1 Kochtopf
1 Schneebesen
3 große Trinkbecher

So wird's gemacht:

Gieße die Milch in den Topf und bringe sie zum Kochen. Rühre die Schokolade und den Kakao unter. Nimm den Topf von der Kochstelle und rühre so lange weiter, bis die Schokolade gelöst ist.
Lege das Vanilleeis in die Becher und gieße die heiße Schokolade darüber.

Statt Vanilleeis kannst Du auch anderes Eis, z.B. Schokoladeneis, nehmen! Anstatt Blockschokolade kannst Du auch Deine Lieblingsschokolade nehmen.

Zwei dufte Typen für die Milchbar

Für 4 Personen brauchst Du:

Für den **Bananen-Shake:**
2 Bananen
2 EL Zitronensaft
1 l Milch
1 Päckchen Vanillin-Zucker

Für den **Erdbeer-Shake:**
250 g tiefgefrorene Erdbeeren
2 gestrichene EL Zucker
1 TL Zitronensaft
1 l Milch

Stelle bereit:

1 Küchenmesser
1 Mixer (oder 1 Handrührgerät
  mit Schnellmixstab)
1 Schüssel

So wird's gemacht:

Für den **Bananen-Shake**
schäle die Bananen und schneide sie klein. Fülle die Bananen-
stücke und den Zitronensaft in
einen Mixer und püriere sie.
Dann gieße die Milch hinein,
streue den Vanillin-Zucker dazu
und püriere alles noch einmal.

Leute, findet Ihr das
auch so langweilig, wenn
man überall nur Limo
und Cola bekommt?
Wie wär's mit einem
tollen Shake, der ge-
nauso aussieht, wie die
Drinks, die die Erwachse-
nen an der Bar trinken.
Dabei sind Eurer
Phantasie keine Grenzen
gesetzt, denn Ihr könnt
fast alles in den Mixer
werfen (vielleicht keine
Essiggurken!).

Für den **Erdbeer-Shake** lasse
die Erdbeeren in der Schüssel
auftauen.
Fülle sie in den Mixer, gib den
Zucker, den Zitronensaft und
die Milch dazu und püriere alles.
Falls der Mixer zu klein für die
Milchmenge ist, pürierst Du erst
alles mit wenig Milch, füllst den
Brei in einen Krug und verrührst
ihn dann mit der restlichen
Milch.

**Verziere die Shakes mit
witzigen Trinkhalmen.**

Hexentrunk „Abrakadabra"

Für 8 Personen brauchst Du:

2 Honigmelonen (etwa 1½ kg)
1 Zitrone
1 Päckchen Vanillin-Zucker
2 gehäufte EL Zucker
1 l Apfelsaft (klar)
750 ml (¾ l) Orangensaft
1 Orange (unbehandelt)
1 Zitrone (unbehandelt)
750 ml (¾ l) kaltes
  Mineralwasser

Stelle bereit:

1 Küchenbrett
1 Küchenmesser
1 Schälmesser
1 Buntmesser
1 Kugelausstecher
1 großes Bowlengefäß oder
  1 großen Glaskrug
1 Zitronenpresse
1 Schöpfkelle

So wird's gemacht:

Teile die Melonen in Viertel, kratze die Kerne mit einem Löffel heraus und schäle die harte Außenschale dick ab. Schneide mit dem Buntmesser kleine Würfel, Stäbchen oder Figuren aus dem Melonenfruchtfleisch und stich mit dem Kugelausstecher kleine Kugeln aus. Gib alles in das Bowlegefäß oder in den Glaskrug.

Presse die Zitrone aus, gieße den Saft über die Melonenstücke und streue den Vanillin-Zucker und den Zucker hinzu. Dann schütte den Apfel- und Orangensaft hinein. Schneide die unbehandelte Orange und Zitrone in Scheiben und gib sie in die Bowle. Decke das Gefäß ab und stelle es etwa 6 Stunden in den Kühlschrank. Kurz vor dem Servieren entferne die Orangen- und Zitronenscheiben. Gieße das Mineralwasser in die Bowle und rühre vorsichtig mit der Schöpfkelle alle Zutaten einmal um.

Wenn sich die kleinen und die großen Hexen am 30. April zur Walpurgisnacht treffen, brauen sie sich immer diesen Trunk. Angeblich sollen ihnen damit bessere Hexereien einfallen. Probiert's mal aus. Vielleicht geht's Euch genauso.

TIP

Wer mag, kann die Bowle anstatt mit Honigmelonen mit Wassermelonen ansetzen. Dazu brauchst Du dann den Saft von 2 Zitronen.

Prickelnde Orangenbowle

Für 4 Personen brauchst Du:

4 Orangen
1 l Apfelsaft
gut 250 ml (¹/₄ l) Mineralwasser

Wenn Du ganz
schnell einen
erfrischenden
Drink brauchst,
ist diese Bowle
genau das Richtige
für Dich.

Stelle bereit:

1 Küchenbrett
1 Küchenmesser
1 Glaskrug

So wird's gemacht:

Schäle die Orangen und teile
sie in Spalten. Die Spalten
schneide auf einem Brett in
kleine Stücke.
Fülle die Orangenstücke in
einen Glaskrug und stelle ihn
für 15 Minuten in den Kühlschrank.
Gieße den Apfelsaft und das
Mineralwasser dazu und rühre
alles gut um.

**Diese Bowle kannst Du ganz
leicht geschmacklich um-
ändern, indem Du anstatt
Apfelsaft z.B. Pfirsich- oder
Maracujasaft nimmst.
Mach Dir hierzu lustige Eis-
würfel. Lege in jedes Würfel-
fach Beeren oder Gummi-
bärchen. Das sieht in der
Bowle toll aus.**

Register

Kochtips

Hier noch einige nützliche Kochtips für Euch:

1. Vor dem Kochen natürlich Händewaschen.

2. Rezept vor dem Kochen einmal ganz durchlesen. Dann geht's einfacher.

3. Teelöffel und Eßlöffel werden mit TL bzw. EL abgekürzt.

4. Pfannenstiel und Topfhenkel sollten nie nach vorne ragen, sonst bleibst Du daran hängen, reißt alles herunter und verbrennst Dich.

5. Heiße Topfdeckel und -henkel, Backbleche und Backformen immer mit Topflappen anfassen.

6. Wenn Du elektrische Geräte verwendest, z.B. das Handrührgerät, sofort nach Gebrauch Stecker rausziehen.

7. Nach dem Kochen überprüfen, ob auch wirklich alle Herdplatten und der Backofen ausgeschaltet sind und die Küche wieder saubermachen. Das geht schneller als man glaubt.

Impressum

Umwelthinweis
Dieses Buch und der Schutzumschlag wurden auf chlorfrei gebleichtem Papier gedruckt. Die Einschrumpffolie – zum Schutz vor Verschmutzung – ist aus umweltfreundlicher und recylingfähiger PE-Folie.

Für die freundliche Unterstützung danken wir
Christina Becker
Pia Froese
Anna-Lena Handt
Elisa Handt
Simon Hartmann
Felix Nuss
Lara Strothfang
Felix Toelle

Copyright © 1994 by Ceres Verlag
Rudolf August Oetker KG, Bielefeld

Redaktion Eva Müller

Titelfoto Fotostudio Toelle, Bielefeld

Innenfotos Ulli Hartmann, Fotostudio Toelle, Bielefeld

Foodstyling Franziska Kurpiers, Bielefeld

Text und Rezepte Rosemarie Franke, Paderborn

Gestaltung und Satz Agentur Becker, Geisler, Bielefeld

Illustrationen Gerd Becker, Bielefeld

Reproduktionen Mohndruck GmbH, Gütersloh

Herstellung Graphischer Großbetrieb Pößneck GmbH, Pößneck
Nachdruck, auch auszugsweise, nur mit unserer ausdrücklichen Genehmigung und mit Quellenangabe gestattet.

ISBN 3-7670-0405-4

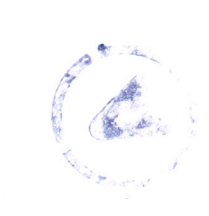

Auflaufform

Schöpfkelle

K

Knoblauchpresse

Gemüsereibe

Sparschäler

Kugelausstecher

Gurkenhobel

Zitronenpresse

Buntmesser

Schaumlöffel

Schne

Kartoffelstampfer

Kochlöffel

Schaschlikspieße

Zahnsto